소낙비 테러리스트

문학의전당 · 시인선 97
소낙비 테러리스트

초판인쇄 2010년 9월 20일
초판발행 2010년 9월 24일

지 은 이 오두섭
펴 낸 이 김충규
펴 낸 곳 **문학의전당**
출판등록 제387-2003-00048호(2003년 9월 8일)

주 소 121-718 서울특별시 마포구 공덕2동 404번지 풍림VIP빌딩 202호
전화번호 02-852-1977
팩시밀리 02-852-1978
블 로 그 http://blog.naver.com/mhjd2003
전자우편 mhjd2003@naver.com

ISBN 978-89-93481-67-9 03810

오두섭 시집

문학의전당

自序

몇 해 전, 조금 더 버텨도 되었을 직장을 스스로 버렸다.

그리고 일 년쯤 지났을까 어느 날, 시를 토해내기 시작했다.

수십 년 동안 그것들이 내 속에 살아 있었다니, 그래서
세상에 다시 나와 주다니, 눈물도 주르르 흘러나왔다.

몰골은 천천히 가다듬어도 되겠다 싶었다, 어차피 나는
매우 더뎌 터졌으니.

이제 와서 삐까번쩍한 꿈을 또 꿔보게 만드는, 이 핏덩이들을
바보 같은 이 사람에게 바치노라.

| 차례 |

1부

2부

3부

1부

원통

곡예사들이 니은자로 누워서 발끝으로 힘차게 돌리는 것이 있다

길이가 한 1미터 되는 것에 보물섬 지도를 숨겨 등에 차고 다니기도 한다

세탁기 안에 물 먹은 옷들이 소금에 절인 채소처럼 담겨 있다 이윽고 다가올 소용돌이를 기다리는

지름을 확보하고 있다 어떤 박물관에서 보았던 삼국시대 그릇받침은 윗지름이 19.0센티미터 아랫지름이 34.7센티미터 가운데는 설경설경 거미집이 입주해 있다

크레타 섬 신전을 떠받은 열주는 지름은 있지만 속은 비어 있지 않아 이것이라 할 수 없다 그냥 신전의 돌기둥

신전을 감싸고 도는 무지개는 물방울의 문이다 그러나 무지개는 언제나 문을 활짝 열고 있지는 않다

굴뚝은 이것이다 속에는 연기가 엉금엉금 기어가거나 뛰어오르는 길이 뚫려 있어서

사막의 사타구니보다 더 뜨거운 아프리카 아이들 발바닥이 시멘트 바퀴를 밧줄로 허리에 걸고 언덕을 여윈 소처럼 달리며 마라톤 연습을 한다

트럭에 실려 가는 관을 보았다 그 속에 벌거벗은 레오나르도 다 빈치가 양팔 두 다리를 쭈욱 뻗은 채 지름을 힘겹게 떠받치고 있다 댐을 무너뜨리고 도시를 뒤덮는 물길이 곧 이 원주율을 휩쓸고 갈 것이다

그보다 수백 배 작은 종이컵에 바늘구멍을 내고 무명실을 이어 전화기를 만든다면 이것이 된다 그러나 실은 아니다 전화기도 마찬가지

그런 논리라면 반지도 손가락에 길을 만들어 주고 있어서 이것이다 녹색 훌라후프도 그 여자의 뚱뚱한 허리가 날씬하게 지나가게 한다 이곳에서는 여자는 태양이고 훌라후프는 지구다

이렇게 찾아내어 하나하나 따져보는 것은 나도 길이 될 수 있다고 말하는 것들이 많기 때문 길이 원통이 아닐 수도 있는 것은 물론

어느 날 바닥에 떨어져 몇 번 구르다가 뒤에서 달려오던 바퀴에 깔려 길에서 길을 잃는 양철 연통을 보았다

그날 테러 보고서

중무장한 구름 게릴라들 자폭 테러를 감행하다
교회 앞 강가 하이힐 뒷굽에 내리꽂히는 섬광
강을 건너려고 서 있던 발목들을 마비시키고
하늘을 향해 배를 까뒤집은 붉은 악어가죽에
마름모로 접힌 몸을 순식간에 펴서
검은 숲을 덮어버리는 장미 꽃밭에
은사시나무 가지에서 팔딱거리는
하얀 손등 푸른 정맥에
하류를 거슬러 올라와 깊은 계곡에 매달린
은빛 십자가 밧줄에
사정없이 발사되는 빛의 파편들
겁에 질려 파르르 떠는 긴 속눈썹 끝에
아슬아슬 매달려 있던 검은 눈물 한 방울도
천 길 낭떠러지로 떨어졌다
교회 앞마당으로 황급히 뛰어든 체 게바라도
그가 끌고 간 두 개의 종유석 가슴도
이미 한 발 늦은 것이 관측되었다
파편이 관통한 등덜미 탄흔에서는
운석의 모래 연기가 모락모락 피어올랐다
낮잠의 둥치를 통째로 뒤흔든 나무를 버리고

새들은 강 건너 구름 높이의 유리창에
자기들의 모습을 위장시켜 놓았다
그 아래 어리둥절한 눈망울을 가린 검은 안경들이
황색 중앙선 그인 자기 쪽 하늘 구역과
혼비백산 흩어지는 건너편 상황을 주시하고 있다
그 사이로 강물이 쉿쉿쉿 질주했다
부유물들이 배영으로 떠내려가는 것도 보았다
이 포구 인근에 거주한다는 견공 한 마리
앞발을 이미 강물에 담그고 건너갈 태세다
허리 부러져 허공에 몸 걸쳐 깜박이는 붉은 신호등
후덜거리는 다리들이 밟아대는 급브레이크
강물이 저들끼리 할복하며 물살을 가르고
그때 치타처럼 잔뜩 웅크리고 있던 구급차 세 대가
휘휘 날개를 펴서 날아갔다

P.S : 이날 오후3시 가공할 우주 폭탄으로
날씨를 공격한 소낙비 테러리스트들은
시신 한 구 분화구 하나 남기지 않고
4분 뒤 저들의 현장인 하늘을
말짱하게 비워놓았음

숨 가쁘다

저 앞 바로 폭포다 길 깎인 곳, 투신하는
햇빛 숨 멎는 곳, 그곳에서 두어 길 안쪽에다
지은 집, 아직은 숨을 거두지 않으려고
조금 안전한 데를 찾았다 물, 서너 평 바위
구릉에다, 뒤안은 숲, 정원은 웅덩이 된 물 또는
허공인 곳, 오래전 죽은 나뭇잎들 숨 멎은 차례대로
바닥에서 썩어가는 것은 물이 아래서부터 들쑤셔 주기
때문이다 등창 난 주검을, 지금 물방개 한 마리 부유와
잠수 번갈아 임종 맞고 있다, 아니 죽음을
위장하고 있다, 저처럼 가라앉지 못하고 떠도는
잎을 타고 가쁜 숨 몰아쉬는 것이, 새끼 피라미들
제 그림자로 열심히 가냘픈 몸 만들어보지만
번번이 햇빛에 꼬리 들키고 만다, 이윽고 계곡 뜨거워졌다
바람 부시시 일어나 안개 속 떠다니는 녹색
아베마 잡아먹고 웅덩이에 뛰어들어 흰 지느러미
풀어헤친다, 숨결처럼 생겨나기 시작하는
작은 기포들, 최초의 숨을 토해내고는 다시 죽어버리고
계곡 아래에서는 집 없는 짐승들 왁자지껄 웃고 떠드는
소리를 나뭇잎 올라탄 구름에 실어 띄워 보낸 것이
눈처럼 부서져 물에 둥둥 뜬다, 그것들 폭포 쪽으로

조금씩 밀려나자 허물어지는 울타리 일으켜 세우려고
물집이 몸 뒤튼다, 그러자 큰 부채 하나 펼쳐지며
파도 인다, 숨소리조차 내지 않던 키 작은 회양목
팔을 뻗쳐 팔팔한 숨 한 닢 떠 마시려다가 그만 손 하나
떨어뜨린다, 허공에 빠진 손이 바람 꼬리를 잡고
추락하지 않으려고 물장구 쳐댄다, 침이 뚝뚝 떨어진다
살아있는 것들은 저처럼 숨을 몰아쉬면서 침을
흘리는가, 웅덩이 기어나가 바위 틈새에다 산란한
이끼의 끈끈한 침 빨아먹는 개미 한 마리도
하늘에서 숨 한가득 마시고 부레 단 장구애비, 바위 바닥
투명 잠수정 한 척 이끌고 나타나 폭포 쪽으로 돌진한다
뒤안 한쪽에서 바위 틈 뚫고 발사된 어뢰들이 송사리 떼
뒤쫓으며 줄지어 웅덩이 안으로 흘러들어오고

거울에 관한 아홉 개의 난상

1
여자, 정수리에서 턱까지
길쭉하게 늘어났다
기둥에서 얼굴을 슬쩍 빼본다
머리부터 발끝까지 이번에는
항아리마냥 찌그러졌다, 유리 벽에서
허리가 훌라후프처럼 둥그래졌다
가던 길 계속 갔다

2
출구에 선다
먼저 서 있는 얼굴들이
긴장하는 물결을 이룬다
서로를 덮치거나 포개고 있다
한쪽 다리를 휘청거리다가
균형을 잡으면 문이 열릴 것이다
바깥 쪽에서 들어오려는 얼굴들
울타리의 꽃으로 도열해 있다

3

남자, 엘리베이터를 탔을 것이다
천정에 달린 물고기눈(魚眼) 속에
몸통을 동그랗게 말아 넣었을 것이다
현금지급기 앞 비밀번호로 얼굴을 펴고
제 몸은 잘게 썰어지는 지폐 갈피에 숨길 것이다
지문을 찍은 그 남자의 길이
꽤나 얽힌 미로다

4

얼굴이 부챗살마냥 펼쳐지더니
코가 종이배를 타고 일렁이고
두 눈이 섞여 하나가 되고
얼굴을 손바닥으로 건져낸다, 주름지는 하늘
바람이 멈춘다 이번에는
반쯤 벌린 입술에서
송사리 한 마리 헤엄쳐 나온다
얼른 입을 다문다
그 여자 어느새 나뭇가지를 물고 있다

5
위벽에 잠망경 뜰 것이다
동굴 기어올라 핀 붉은 꽃잎들
더러는 검붉게 돋은 가시들
처음 받는 불빛, 차라리 눈감아버리고
방사선 속을 뚫고 걸어 나갈 것이다
나뭇잎에 벌레 기어 간 길 뚜렷할 것이다
전구에 비치는 남자의 고막
고분처럼 어둡고 메마르고

6
남자, 여자의 색안경에 담긴다
여자의 동공에서 몇 차례 굴절되더니
얼른 하늘 밖으로 쫓아나온다
붉은 하늘에 구름 한 조각 뜬다
티슈 한 장, 건물 사이를 날아다닌다
비틀거리며 걷는다, 여자

7
방에서 묵도를 했을 것이다

몸속에서 자기를 빼내고 있었을 것이다
공중부양하는 정적을 빨아먹으며
제 몸을 다 태우는 것은 촛불일 것이다
촛불 꺼지고 한 줄기 영혼이 날아오를 것이다
얼른 제 안으로 들어가려 했을 것이다
그러다가 여자, 그을음으로
천정에 들러붙었을 것이다

8
슬라이드 또는 폴더에
액정의 바다가 열린다
잠시 오버랩되다가
파도에 밀려난다, 얼굴들
갑자기 그곳에 번개가 치고
숫자들이 파르르 날개를 떤다
하늘로 통하는 길이 열렸는가
남자, 감전된 귀가 멀어버린다
다급한 목소리 몇 줄기가
바다에 빠진다

9

그 남자, 군중 속이다
자기를 쳐다보는 얼굴들이
모두 자기다
그 여자, 깨진 하늘을 밟고
빛들이 죽어가는 광장이다
회전문 안에서 그 남자와 여자가
빙글빙글 돈다

논, 어린 것들

아베마 새끼들 조금 자랐다고
벼의 발목을 잡고 제법 논다
녹색 기저귀에 물똥 싸대며
새끼개구리들 볏대에서 휘청휘청
장대높이뛰기로 솟구치다가
아래로 휘익 몸 던지고
검은날개나방 연신
날갯짓하며 설잠을 빨아먹고
잘 보이지도 않는다 멸구가족 작아서
짚숲 어딘가에 털었을 둥지
무당벌레 한 쌍 날아와
파르르 겹쳐 햇빛을 사정하고
바람에 멱 감은 실잠자리
허공에서 옷 말리는데 저쪽에서
째려보고 있다 왜가리 몇 놈

그 숲에 대목수 나타나신다

잔가지들 스스로 제 몸을 솎아낸다
이슬 먹어 배부른 잎들도
어둠을 찔러대며 새벽바람 일으키고
햇살 쏟아질 쪽으로 기지개 쫙쫙 편다
산 어귀 개울에 머리 감고
후두둑 소나기 만들며 일어서는 가지
두 팔 뻗어 무지개 문을 열어젖힌다
어둠에 발효되어 맑게 분사된 안개
밑동 모공들이 쪽쪽 빨아마신다
그때, 숨을 바루고 있던 뿌리 쪽에서
심호흡 진동이 올라온다, 몇 번씩
나이테 속에 잠복해 있던 수액들
척추로 척추로 흘러든다
동맥에서 힘줄이 불끈 돋아난다
땡땡하게 아침발기를 하며
둥치, 길다란 제 남근을 가다듬는다
굽혔던 허리를 뿌드득 일으켜세운다
먹을거리 찾던 새들이
쭉쭉 사정되는 송진을 쪼아먹기 시작한다
먹물 같은 어둠들을 소름 같은 비늘들을

떨어내기 시작한다

해가 뜨기도 전이다, 금강송 숲

논, 궂은살

목이 마르면 제 속의 것
게워서 되새김질하는
그곳, 발목 두 개 힘겹게 빠져나와
바짝 마른 시멘트 경운기 길 오른다
달려나오는 손아귀 힘줄들
절벅절벅 두툼한 그림자 내뱉으며
길바닥에 나앉는 검은 살점들
연이어 몰래 승천하는 물기들
길가에서 허기진 풀들에게 잡아먹히다가
고물처럼 발바닥에 들러붙는 굵은 모래들
벌겋게 눈물 흘린 양철 처마 아래
잠시 앉았다 몸 일으키는 아스팔트 길
쩍쩍 갈라진 혓바닥을 내미는 뒤꿈치
길 위에 널브러지는 뜨거운 쇠똥들
자갈 박힌 뒤꿈치에 몇 점 매달려
작은 우물가에 당도하는
어느새 바짝 말라붙어버린 이것들

분수

잡것 몇 놈이서 달밤에
달빛 즙 짜서 냉동 별을 녹인
드라이아이스 연기 퍼마시고
길바닥에 그림자 덮고 자빠져 자다가
땡볕이 제 몸 이리저리 뒤집어 놓으니까
이놈들 일제히 아랫도리 그것을 꺼내
전립선 물총을 쏴쏴쏴 대고
어디서 나타났나 훠이훠이
활처럼 극한으로 휘었다가
바닥으로 곤두박질하는 낚싯대들
어린 해바라기 꽃이야 괄약근 한껏 조였다가
밋밋밋쳤어 벌건 대낮에
발맞춰 행진하던 어린 나팔꽃들
움마마마 도망치다가 몇이는 뒤돌아보고
양귀비 살즙 빽빽 빨아대던 바람들이
뭔 일 났어? 연기 내뿜으며 걸어나왔다가
어멋멋멋 마이클 잭슨 문워크 탭댄스질이다
발목을 싹둑 잘라버린 그의 생이야
영문도 모르는 길거리 행인들이야
바짓가랭이 죄다 적셔버리고도
키득키득 솟솟솟 솟구치는 저 망발들

흉터

1

내 이마여, 시골 교실 같게
초칠로 반들반들해진 마룻장
사팔뜨기로 뚫린 소나무 검붉은 눈들
추억은 빛나지, 그런 곳에서, 삐뚤삐뚤
왼쪽 눈썹 위에서
땡볕 맨드라미숲 거닐다가
돌등에 몸 데우던 도마뱀 화들짝 놀라게 한
그해 여름, 그 보복의 핏방울은
뙤약볕에 익은 볏만큼이나 붉었지
꿰매지 못해 저절로 아문 생채기
그곳에서 오른쪽 중지 하나의 거리,
또는 그만큼의 세월 흐른 후
명동 비 오는 먹자골목 라면집
외롭게 서 있는 외다리 식탁들 그런 곳에서
내 이마 꽃 하나 피웠지, 시소처럼 기울어
순식간에 날아와 꽂힌 세상의 한쪽 모서리,
은하수 띄워 놓은 바닥에서부터 뚝뚝뚝
좁은 골목 따라 떨어져 내리던 꽃잎의 길
비린내 섞인 보리찻잔과 겁먹은 소녀의 눈망울

꽃물에 황급히 몸 담근 흰 손수건
무관하게 내달리는 앰뷸런스를 따르던 종종걸음
마취도 덜 된 주름을 헤집고 건너가던
살점 묻어나던 실밥의 길
꿰맨 자국 문신처럼 빛나고 있지

2
눈가의 실개천 왜 날이 갈수록 푸르러지는지
만(卍)자에서 떼어낸 갈고리 하나로 시동 걸던
제무시(GMC) 트럭 꽁무니에 매달려 가다가
횟가루 뒤집어쓰고 추락해버린 내 등굣길
그만 눈 속에는 사태가 나고
이내 당도하고 마는 칠흑 동굴 속
차라리 눈 감아버리는 세상, 더듬더듬 디뎌보지만
발끝의 길을 누가 쓸어버리는가
어둠 속에서도 보이는 미루나무 참새소리
혀를 차대며 지나치던 발걸음들이여
항아리처럼 굽은 집 앞 돌담길을
황망히 뛰쳐나와 느닷없이 내 뺨 때려보는 어머니
이미 기절해버린 두 개의 눈

꺼실꺼실한 손마디를 타고 흐르는 눈물
한동안 어둠을 부둥켜안고 나서야
하늘은 빛을 조금씩 풀어주었지
지금 눈 아래 길게 패인 자국을
누군가가 가리킨다면
여긴 내 눈물이 지나다니는 길목이라고

여자, 씨 바르는

마주 앉은 남자는 정액 주머니가 얼어붙는 것을 느끼기 시작한다. 씨가 빠알갛게 발기를 하고 있다. 짧은 공명이 기우뚱 접시를 받친다. 자전을 멈추고 있던 접시가 탕! 그것을 받아낸다. 여자가 퉤! 뱉는다. 저 안에서부터 올라오는 토악질이 입술에 오물오물 전달되고 있다. 상악과 하악이 연주를 멈추고 여자의 고개가 볼록한 젖가슴 쪽으로 꺾인 것은. 종유석 끝에 매달린 물방울 하나 떨어지고 난 뒤다. 목젖이 더 어두운 곳으로 슬쩍 몸을 숨긴다. 침샘을 꼬드기던 혀가 가운데를 비우고 그것을 받든다. 여자가 한입에 틀어넣는다. 한 번도 빛의 몸을 못 본 과즙들이 깨어나 등줄기를 동그랗게 말고 있다. 제 몸을 그렇게 위장한 오톨도톨한 각질을 벗기고 흰 속살을 드러내기 시작한다. 여자의 엄지와 검지에 사로잡힌 리치가 온몸에 소름을 돋기 시작한다. 연녹색 손톱 안에는 스위스 나이프가 장착되어 있다. 자기를 허락한 셀러드바에 들어간 여자가 호두알만 한 그것을 접시에 담아온다.

여자, 노리개 매다는

푸른 밤길 속에서
바퀴 둘 굴러나온다, 액세서리 수레
땅속 레일 흘러가다가
지상으로 환생하는
지친 발걸음 잡으려고
도마뱀 속살 같은 손마디 잡으려고
어둠의 깃에 샛별 꽂으려고
검은 보료에 누워 있다가
출렁이는 푸른 숲에 달겨든다 부나비,
날개를 반쯤 접다가 앉으려 하고
바다로 돌아가지 못한 산호초들,
어둠 속에 그리움 잔뜩 숨긴채
등 굽히고 앉은 무지개,
사막에 솟구친 수정의 무덤,
흰 구릉 위에 별빛 떠오른다
잠 못 드는 나뭇가지들
달무리, 하나 끼우면
일제히 주름 마디를 펴고
맥박들 뛰어노는 눈부신 개울
조약돌이 손목을 잡고 합창을 한다

반짝반짝 반짝
굽 한껏 세운 하이힐 한 쌍
저 높은 낭떠러지 끝에다가
아슬아슬, 별들의 입술을
매달고 있네

여자, 졸음 만드는

자태 바르게도 꾸렸다
한 손에 진동기 쥐고
지상의 소식 기다리면서
두 귀 꼬옥 막았다
고막이 우주만큼 텅 비었다
그래서 속이 꽉 찬 음원들이
스트로로 빨려 들어가고 있을 테다
가지런히 모은 하이힐 뒷굽에는
졸음의 진자들이 매달려 있다
요람에 올라탄 시간을 흔들고 있다
스스로 알맞게 숙여지는 고개
십자가에 달려 반짝이는 별들도
숨었나 보다 젖가슴 계곡 속으로
높낮게 맞댄 어깨는
옆자리로 피곤을 실어 나르고
은밀한 텃밭을 일구고 있는 중이다
누가 침범할까 봐
주름 잡힌 미간 울타리 치고
귀고리 끝에서 흔들리다가
붕붕 떠다니는 한낮의 꿈 세포들

이따금씩 불꽃 튀기며
누가 갑자기 브레이크 밟으면
아래로 꺾였다가 솟구치는 고개
눈 한번 떴다가
무릎 한번 붙였다가
액정 한번 열어보다가
이내 고개 떨군다
깨어서 생시로 걸어가야 할 곳
혹 지나치지는 않았는가

환승

1

2009년 5월 27일 중부유럽시 12시 34분에 발사할 소유즈 TMA-15가 기차에 실려 카자흐스탄 바이코누르 우주촌 발사대로 향하고 있다. 소유즈 TMA-15에는 벨기에 캐나다 러시아 우주인 3명이 우주정거장을 향한 여행을 하게 된다. 이 중 한 사람인 프랭크는 우주정거장의 다른 우주인과 교대해 6개월간 임무를 수행하게 된다. ⓒ로이터

기차는 사진에서는 멈춰 있는 것처럼 보이지만
지구와 우주의 환승구간을 가고 있다
그 앞을 걸어가는 보안요원의 보폭에 맞춰
천천히 아주 천천히

2

브라질 공군은 6월 7일 밤 "실종 AF447편의 추락 지점으로 추정되는 대서양 상에서 여객기의 잔해가 수습됐다"고 밝혔다. 한편 프랑스 정부는 실종 여객기의 블랙박스를 찾기 위해 핵잠수함을 투입하기로 한 것으로 알려졌다. ⓒAP

AIR FRANCE 소행이 분명한 것으로 보인다

바다 위로 떠올라버린 여객기와 승객들
아니 그것들의 일부들 배에 실리고 있다
핵잠수함도 곧 동원될 예정이란다

3

16일 백령도 해상에서 크레인 해체 작업이 이뤄진 천안함 함미가 바지선에 실린 채 평택 해군2함대사령부로 옮겨지고 있다. (백령도=연합뉴스)

마흔 몇 명의 장병들은 다른 곳으로 옮겨 탔다.

봄, 곪아 터져서

새들이 일부러 자리를 비운 사이
누군가 햇살 통 짊어지고 올라가
나뭇가지마다 일일이
불꽃 용접을 하고 갔나 보다

저기 산등성이 넘으려던 바람
서로 몸 비벼 뜨겁고
쟁기 뚫고 지나간 땅속
연이어 터져 나오는 땀샘들

아기 안의 인큐베이터가
잠시 짧은 호흡 놓치고

투명한 살갗 덮고 있던
얼음 윽! 하고 깨어지며
이윽고 저 피고름
생체기마다 가득 고이는 육즙

그것들의 울음인가
그래서 봄은

짧은 비명 짧은 비명
나는 겨우내 곪아터져서

봄, 몸내 쉬는

가로수들 제 속살 드러내고 있는
그 작은 교차로 건너갈 때면
가장 먼저 김밥집이 아는 체를 한다
몸을 동그랗게 만 팔등신들이
노란 손을 흔든다
그 무렵 지하상가를 탈출해
환기구를 타고 헤엄쳐 나오는
멸치 떼 행렬도 보인다
투명해지는 내 몸 뚫고 나가
그들이 몰래 만나는 것도 보인다
키가 가장 작은 가로수 하나가
막 잠에서 깨어 물을 마시고 있다
건너편 빨강 지붕 커피숍
양산을 든 장미 부인들이
한 떼의 바람에 치마를 날리는 중이다
예쁜 손잡이 달린 기계 속
제 몸을 아름답게 볶느라고
정신이 하나도 없다 원두 열매들
익은 것들은 이제 시간이 되었다
시간도 그렇게 볶아져서

수증기를 타고 달아난다
화장도 않고 뛰쳐나간다
이쯤해서 나는 발걸음 멈춰본다
한 걸음씩 더 다가서서
햇살 쬐고 있는 가로수 곁에서
길거리로 뛰쳐나온 그것들이
분별없이 교제하는 모양을 보아야 한다
갑자기 잎사귀들이 흔들린다
나무들 사지를 비튼다
누군가에게 주고 싶은 몸들
춤추면서 유연한 체위를 연출한다
그 집 와플은 막 오븐 속에서 나왔다
그 집 카스테라는 오늘 만삭이다
따끈한 햇살 먹고 배탈 난 풍선처럼
내 안에서는
아직 발목이 덜 자란 어린 나팔꽃들
발길질이다

봄, 목청 돋워 봐도

딸기가 만 원이에요
자 자 딸기가 왔어요
딸기가 세 팩에 만 원
딸기가 세 팩에 자, 만 원입니다
고객들도 만원이구요,
우리 쭉쭉빵빵 아가씨들도
자 자 자
싱싱 딸기가
자 자 단돈 만 원 만 원 만 원
세 팩에 자 자
딸기가 세 팩에 만 원이구요
자 자 어서 오세요
자, 자, 진눈깨비가 만 원
만 원에 듬뿍 담아 가시면 되구요
진눈깨비가 자, 자, 자,

이천십년 춘삼월 스무이튿 날 싱싱그린마트 그날 또는 그 다음날 또는 그 다음다음날

히히히, 짯짯짯,

삐리리리리리, 하고 운다 울새
곤줄박이 쓰쓰 삐이 쓰쓰 삐이, 하니까
씨이 씨이, 치이 치이, 불만인가 보다 박새
못참겠는지 히치삐 시치삐 시치삐,
그만 성깔을 바꾸고 만다
붉은머리오목눈이가 비비비, 하고
운다 제 이름 음절보다 짧게 짧게
찌리리 찌리리, 칼에 찔렸는가 보다 칼새가
곁에 있던 검은딱새 히히히, 짯짯짯,
웃고 난 뒤 박수를 친다 무엇이든 즐거운가 보다
여긴 으슥한 숲 속 히이~호오~
히이~호오~,
밤에서 새벽까지 호랑지빠귀는
어떤 혼령을 불러내는가
평생 시인으로만 살지는 않았겠지
흰눈썹황금새 피이 치이쪼이치피 찌리리리,
시를 읊는다 삐리리리리 삐리리링, 그 시에
감동 먹었나 봐 할미새사촌, 끝도 없이
동그랗게 혀를 말고

길 쪽으로 핀 꽃들 보면

1

종로김밥이야 땅끝마을에 앉아서도 먹지
부산뉴욕제과가 대구에 있는 이유 알 필요 없지
우리들약국 주인은 단 한 사람
월계세차장은 서초동에서 열심히 때를 닦고
망원동의 먼 하늘을 다 가릴 태세다 논현커튼
에덴주유소에서 아담을 찾지 마라
하와를 찾으러 나가 부재 중
비내리는 청개구리노래방 특실에는
청개구리들이 손님을 다 쫓아내고
고대 앞 고대닭발 닭발은
고대 고대닭발이 아니라 현대 고대닭발
길 건너 불꺼진 박가뼈다귀
박 씨네 뼈다귀만 팔았겠지 설마
김씨 도마 위에서는
전씨홍씨오씨서씨채씨 국수들이 몸을 뒤섞고
저기 헌책사고팝니다에 가지고 들어간 헌책을
되레 사고 나온 사람들이
알록달록한 책들을 옆구리에 끼고
찰리 채프린 앞을 뒤뚱뒤뚱 지나간다

샤갈의 눈 내리는 마을에 내리는
비는 눈을 맞으러 들어가는 두 어깨 위에
내리고 있는데

2
무지개아파트 숲 속에 있는 커다란 활엽 고목에서는 이런 이름의 꽃들이…
예쁜소리피아노 양소아청소년과의원 삼천리자전거 매직아이안경 BKC치킨 한별미술유치부 신라스튜디오 가나안장식 대진떡방앗간 락궁 흥부네한방왕족발 왕대박부동산 쁘띠랑제과자 책마을 비어스쿨 영재들의방과후학교 중계전파사 축현한우백화점 으랏차차호프 어여머리미용실 무지개분식
…달빛이 가로등보다 더 밝게 빛나는 밤에 길을 향해서 반짝반짝 피어 있는데

3시에서 4시

경희궁에 살고 있는 나무들
기지개 켜는 그 시간
사직동굴에 등허리 붙이고 사는 동네
낮도둑처럼 침범해본다 그 입구 어제 그대로
기우뚱한 그림자에 걸터앉은 전봇대
폐쇄회로 카메라 팻말을 걸고
심하게 허리 구부린 담벼락
이끼에 살을 빨아 먹힌 삭은 시멘트 뚫고
벼랑 기어오르는 작은 풀나무
오늘은 내 모습도 저렇게 찍혔는가
새옷 갈아입고 걸음마 나온
키 작은 나무들, 텅 빈 개집, 색 바랜 전단지
바람개비 솔솔 변소 냄새
심장 뛰는 간주곡의 깔딱고개와
언덕과 계단 이어지는 골목길
높은 곳에 도달할수록 키 낮추는 담장들
보이지 않던 인왕산이 무릎 세운다
바위에 비스듬히 누워 독경 읽는 노인
담벽에서 한창인 개나리 잎들과 선문답하고
이제부터는 내리막길, 나선형으로

대지가 도저히 안 나올 언덕바지에서
사이좋게 엉덩이 붙인 빌라들 끼고
다시 서쪽 몸 비튼 비탈 오르니
휴우, 서대문 동네 지붕들이
염전으로 널려 있다
하차가 급한 구급차 내려 보내고
갑자기 끊어지며 좌회전 직전 우회전
건너편 유리창이 내 전신을 담는다
일단은 반갑구나, 네가 누군지 알겠지만
어떤 길을 걸어왔는지도 보이지만
지붕들이 열심히 소금을 피우고 있는
3시와 4시
무심코 내 발길 회귀 관성을 잃어버리고

⑲금

1
나에게 미성년 관람불가를 허락하노라
텍사스 길거리, 밤새 서성대며
청소년에게 몸 팔던 낡은 팻말 떠올리고
편집 안 한 도마뱀 꼬리, 포커스 아웃 꽃술
클로즈업 피한 계곡, 저들끼리 몸 섞다가
투신하는 가출 나무들, 이건 예고편에 불과하다
악마가 너의 죽음을 알기 전에*
30분만 내 안에 머물 것을 허락하노라
악마는 어둠의 또 다른 천사라지만
횟가루 변소간에서 페이드인 W · X · Y,
흘러내리다가 말라붙은 번갯불 절정들
친구 누나에게 바칠 꽃다발도

2
성인이 되어도 세 번쯤 되었을 내가
100년 되었다는 그 마당에 들어선다
소주병 안고 구르는 침대, 낯선 문법 애무하다가
잘 알지도 못하면서**
밀짚모자 울타리를 태워버리고 마는 필름

인생 한 바퀴 더 감아 돌아서 오라 하는
모호한 스토리텔링이 스스로 ⑲금 극장에서
다 보여줘도 보지 못하고, 놓치고 마는
세상에 숨어 있는 저 모자이크들을

3
좀비들 득실거리는 거리로 슈퍼마켓으로
비행장으로 몰래 입장한다, 도망칠 길은
입구에서 주머니에 구겨 넣었다
저들에게 내 영혼의 살점은 이유 있는 먹잇감
목덜미를 빨려볼까 어깻죽지를 뜯겨볼까
도망갈 미성년 구역은 없다 이제
궁지에 몰린 퇴로, 스크레치 투성이의
프레임 밖에서는 불의 비가 내리고
좀 기다리세요*** 길을 잃고만 나는
이윽고 환생한다, 흡혈귀들의 거리에서
별것도 아니었던 게다, 추릴 것도 없던 전생들
B급으로도 재생이 안 되면서
로드리게스식 카니벌니즘 해학모드라니
그 도시에서 수많은 나는

흑백의 피를 찾아 몰려다닌다

*시드니 루멧 감독의 2007년 미국 영화
**홍상수 감독의 영화 제목
***로버트 로드리게스 감독의 그라인드 하우스 영화 '플래닛 테러' 에서 남녀가 침대에 누워 성애를 펼치려다가 갑자기 필름이 타버리며 나오는 익살스러운 자막

여자, 그늘 속

5년 지난 영수증이다 그대는
버리기에는 아까운 그리움
그렇게 자리 잡은 상처 같은 것
구석진 곳에 두어도 안개꽃 다발은
저 홀로 도도한데
미라처럼 말라버리는데
모래톱 찌르고 도망가는 파도에도
손가락으로 후빈 이름 석 자
지워지지 않는데
그 길목 낡은 벽에 매달려
뱅글뱅글 돌아가는 나선형 불빛은
나를 끌어들이지 못하는데
얼음과자 입에 물고 정오 무렵
푸른 하늘 길 당당히 걸어오는 그대
검은 선글라스에 반짝 하고 뜨는
막 뽑아낸 티슈 한 장으로
팔락팔락 살아나는

1박 그리고 2일

1
어둠에 자맥질하는 불빛 붙들어 놓고
30년 묵은 횟집에 앉아
작은 잔 잠수시키는 자갈치
친구는 여기서 꽤 잘나가는 글쟁이
조명 한 번씩 받고 빛나던 날은
이미 저물었는데
빗길도 어둠에 숨어버리는데
나는 어떤 길을 돌아왔는지
큰 눈 껌벅이며 말 한마디
거들지 않는 저 밤바다

2
우산이 꽃잎으로 흩어지는 거리
금란모텔 601호 액자가 흔들거린다
심상찮은 소음, 누가 또 벽을 뚫는가 보다
창밖 영광도서 굴뚝도 흥분한 듯
잔뜩 발기한 그림자를 지붕 위에 걸치고
한밤중 나를 이곳에 시체처럼 누인 친구
일어났냐? 테레비 봐라, 누가 죽었단다…

설잠을 찢는 부음
간밤의 어둠 다시 밟으며 길가로 걸어나오니
계곡 떠나는 발길 몇 걸음 따라오다가
까마득히 되돌아가는 물소리

3
속보 실어 나르는 광안대교
홀쭉한 수평선 사타구니에 가두고
해수욕장 운영하는 바다
오늘은 휴업, 되돌아오는
모래 길에 뒤뚱뒤뚱 발자국 남기고
어느새 내걸렸는가 흑백의 플래카드
소금바람을 빨아먹으며
낯선 행인들을 길 밖으로 내모네
망원경으로 보니 텅 비었다, 저쪽 어딘가의 하늘

4
호외는 선반에 얹어두고 내린다
광장에서 노숙자들 편싸움
제 몸뚱어리를 땅바닥에 내팽개치고 있다

먹먹한 지하도 황망히 건너가니
덕수궁 앞 벌써 꽃들로 막히고
성난 참새 떼 광장으로 달려가고
누군가는 제 멱살 잡고 서 있고
오늘은 조금 낯설게 열리는
정동길, 이미 엉켜버린 발길
몇 골목 돌아 다시 광화문

5
길 밖으로 누가
떨어져 내렸는가

건반 노래

구겨진 골목길, 내리막 계단을
바람 한 짐 짊어지고
바닷가로 나간다
먼저 와 물결을 리허설하는 햇살
음계를 타고 깨어지는 파도
무릎 반쯤 구부리며
검거나 흰 조약돌 줍는다
주워들 때마다 어둠을 찍으며
저만치 앞서가는 발자국들
새들은 손끝에 부리가 돋고
돌의 귓불을 아픔의 간격만큼
쪼아대다가 물방울 만들다가
탕! 모래를 튕겨 뛰어오르다가
부리를 물속에 처박고
바다에 던져버린 묵주알 건지려다가
튕길 때마다 통통통 구르는

길이거나 담장이거나

길이 아니었을까 몰라
어쩌면, 오늘 불쑥 그런 생각
검은 가지에 새처럼 숨어 앉은 초승달 보며
고궁의 허리를 길게 감싸고 서 있는
오래된 이 담장 끼고 걷자니

빗물 고였을 고랑도 보이고
켜켜이 찍힌 발자국들도 보인다
검은 이끼로 이어진 수레바퀴도 보인다
지친 이정표처럼 구부러진 허리를 펴지 못하고
길 안쪽에서 길을 지키며 서 있는 나무들도 보인다
서로 이마를 짓이기며 땅속에 박힌 돌멩이들은
스스로 제 묘비명이 되고 마는데

그러던 어느 날, 번개와 지진이 땅을 흔들며
더 이상 누워 있지 않겠다며 벌떡
윗몸 일으켜 세우더니
이런 담장이 되었을지도

길을 질질 끌고 오는 바퀴들 불빛 마주하며

나를 빠져나간 그런 생각 하나
손가락으로 담벼락을 긁으며
몇 걸음 앞서 걸어가고 있는 그런 밤에

미라

옆으로 누운 파평윤씨 여인 몸속
태아도 있었다니, 자라다가 멈춘
440년 만에 처음 세상에 나온,
그 골반 탈골이 다 되도록
아기를 부둥켜안고 있었다니

남태평양 태양 아래 섬
비행 연습하던 그 언덕에서
바다를 보고 누운 소년 앨버트로스
제대로 펼쳐보지도 못한 날개며 몸뚱어리
소금기와 햇볕, 비바람에 다 내주고 있는데
모래주머니 있던 부위에서
눈부시게 드러내고 있다
플라스틱 조각, 비닐봉지, 잠수복 물갈퀴 잔해,
삼키려다가 뱉어낸
색 바랜 콜라 병 마개 같은 것들,

모성에 눈먼 어미가 부지런히 물어다가
먹잇감인 줄 알고 먹인

참회록

오뉴월 한낮 땡볕 피해 마루 밑에 숨은 똥개 모자에게 발길질하고, 빨랫줄 타고 내려온 장대가 제 그림자 아삭아삭 씹어먹을 때쯤 장터로 간다. 아버지 양복바지 주머니에서 유괴한 천 환짜리, 검정고무신 옴폭한 곳에 접어 넣고. 풀빵 집에서야 국화꽃 연신 피어나고 저절로 벌어지는 콧구멍이여, 시도 때도 없이 텅 비는 내 속을 갉아먹던 뻥튀기 탑이여, 오늘 내 헛배는 더욱 부풀려진다. 카랑카랑한 기적소리 내뿜으며 가마솥 뚜껑 비스듬히 미끄러지면 맨드라미 장닭 볏시울 넣어 설설설 끓어오르는 소고기국이 오늘 은밀한 내 장물이다. 길바닥에다 눈깔사탕 굴리며 껌 속알 숨겨 반짝반짝 빛나는 은박지 찾아 헤매다가, 도처에 널브러진 배꼽들이여. 광목 펄럭이는 그림자 속에 숨어 신발을 벗는다. 아아, 기름기 없는 굳은살도 땀을 흘리는가, 풍선처럼 부푼 허기에도 뼈마디가 있는가, 뭉개져 버린 내 지폐여, 황혼은 재 너머에서 걸어오고 있는데, 고랑내 땟국물을 짓이기며.

내가 무엇을 잘못했는지 1

순식간에 급류다, 적진에 내리퍼붓는 화살비
저편 계곡 진영에서는 무슨 일인가
발목을 끌어당기며 낮은 쪽으로 쓸려가는 길
매복해 있던 풀들 일제히 배영하고
떼밀리듯 함께 쏟아지며 혼비백산하는
건초더미들, 몇몇은 나무 등걸을 붙잡고
쏴쏴 발길처럼 떠내려가는 함성들
헛발 내디딜새라
온몸으로 가늠해 보는 오르막의 높이
놀란 정신만 간신히 빼내 나오느라
갈기갈기 분해된 뼈다귀들이
없어진 길을 두리번거리고 있다
조금이라도 더 높은 그곳
암초에 올라서서

내가 무엇을 잘못했는지 2

기습당했다, 아침 길
내 낡은 전차가 표적이다
비와 눈, 뜨거운 햇볕을 마다않던
빛바랜 지붕은 무슨 잘못
바람 탱탱하게 먹인 바퀴는 또
어둠을 뚫고 앞을 펼쳐보이던 창
거울 속을 달려온 지도 위의 길
온통 총상이다
문득 고개 솟구치는 그곳
무성한 잎사귀로 정체를 숨기고 있다
어제까지만 해도 다정한 벚나무로 섰더니
저격수들 가지에 대롱대롱
온몸 시뻘겋게 달군 폭탄들이
내 발 앞에서 후두둑 자폭 중이다
그만 길 잠그고 후퇴하려는데
어깨에도 가슴에도 또다시 퍽퍽!
오늘따라 위풍당당 가로수들이여
중상을 입고 쓰러져버리고 마는
내 아침을 달려다오

내 안의 이것들이

내 오른쪽 동공에 모기 한 마리 날지, 허공에 떠다니는 상처인 줄 알았어, 잘못 들어간 채송화 꽃씨, 헤엄치는 물방갠 줄 알았어. 묵주알에 앉아 기도하다가 피같이 밥그릇에 묻었다가 행간에서 가출한 커서, 길잃은 정충인 줄 몰라, 이따금 꿈속에도 날아들고 예쁜 네 얼굴의 복점으로도 날아다니는, 이 비문증飛蚊症이……

매미들도 살아, 내 외이도엔. 쓰름매미 고려풀매미 깽깽매미…… 어떤 유충이 부화했을까. 시도때도없이 뽑아대는 목청이라니, 때때로 바깥 놈들의 노래와 섞이기도 하다가 낙엽 같은 허물을 내뱉기도 하더니. 어떤 스님은 매미가 염불한다고 선명蟬鳴이라셨지만, 시끄러운 곳에서 참선이라니! 그럼 이 녀석들 데리고 선방에나 가볼까, 가서 구차한 혼이나 한 보자기 끌러놓아 볼까나

그냥 두지 뭐, 나 같은 삶에도 기생하는 노래가 있고 비상할 하늘이 뜬다는 것이

그믐달

그래, 다시는 그쪽 나라 쳐다보지 않을 테야
깊이를 가늠 못하는 그곳
보이지 않는 것들 살고 있는 그곳, 가끔은
바다가 빨래처럼 널려 있기도 한 언덕
빈 나뭇가지 기어내려와
검은 그림자 깔고 누운 겨울 밤길을
걷지 않을 거야, 다시는
얼어붙은 저수지 쩌릉쩌릉 깨어지며
누군가 울부짖는 소리 안개 속 섬뜩하고
밤새 쿨럭대던 집들과
무엇을 쪼아 먹었는지 눈이 까매진 참새, 그래
다시는 쳐다보지 않을 거야, 그 하늘에도
내 마음속 방 하나에도 있어,
때로 손잡고 싶은 울음들
어두워서 오히려 잘 보이는 길
보이지 않는 것을 보기 위해 혼자 오르는
조금 높은 언덕배기도, 저기 바다가 있고
부엉이 어안魚眼으로 동그랗게 뜬
굴절된 밤하늘 한 조각도 있어
그래, 다시는

횡설수설

황금빛 사표 또는
더 이상 성공 못할 거야 삶의 혁명은
낮달이 차도를 가로지른 횡단보도에 떨어져
오가는 바퀴에 깔리다가
모래 발자국에 고인 바닷물로
어두워지기 시작하더니
앞에 놓인 두 개의 술잔에 담긴다
하나의 주인은 방뇨를 하러 갔나 보다
프랑스산 와인을 죽이며
삼일절보다 소주가 독한 이유를
멍하니 떠올리면서
눈물의 그 무게로 자판을 눌러 전송한
내 찬란한 사직서의 행방을 좇다가
그것들과 헤어져 돌아와 씻은 두 손이
또다시 터뜨리는 코르크의 총성
목마르다고 반항하던 소나무가
탄피를 후투둑 떨어뜨린다

내가 왜 그랬는지
왜 떨어져 내렸는지

또는 상가를 다녀와서

한 시절 제대로 놀아본다 하더니만
낡은 채권 몇 장 남기고 돌아갔구나
짧은 추도사 상복 앞에 맞절들
방명록에 검은 눈물 한 점 부조하고
상갓집이 왜 슬픈지 아는가?
그건 살아서 남아 있는 우리들을
서로가 멀뚱멀뚱 쳐다보기 때문
니들이 그걸 알아? 농 한 잔 따르고
폭포수 떠나오듯 아련하게 멀어지는
살아서 웅웅웅웅 하는 소리들

2부

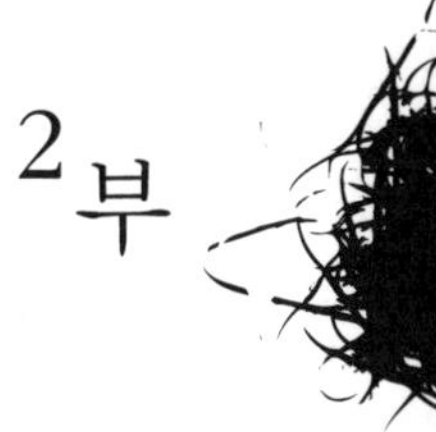

새벽 퇴근

그렇게 또 둘이서 헤어졌나 보다
공원 언저리 칠 벗겨진 나무의자
이슬 맞고 여지껏 앉아 있는 손수건
취객 하나 뛰어와 한 손 짚고 허리 꺾어
몇 번 울컥인 뒤 어둠 속으로 사라져 갔을
늦게 잠든 상가 담벼락 밑 노숙하는 토사물
고양이 한 마리 어슬렁대고
십대들 까마귀 떼처럼 지저귀다가
녹슨 쇠사슬 그네 허공에 멈춰 있는데
모래에 박힌 꽁초와 하얗게 지샌 밤
오롯이 밟으며 집으로 가는 길
고해성사라도 다녀오려는지
종종걸음으로 나서는 바람 한 줄기에
가지 뒤척이며 깨어나는 나무들
막 시간을 바꾼 경비원
계단의 발자국을 쓸어내다가
꼭대기로 오르는 단추를 누른다
방마다 펴져 누운 삶은 아직 꿈결인가
때 낀 소매 단추를 벗기며 보니
내 몸 덮을 그 자리가
어둑어둑 구겨져 있다

달밤 어깨동무

금요일 밤 프로그램에 출연한 반달
빈 마당에 내려와 모닥불 먼저 지피고
주변에 서성거리던 나무들
호루라기 소리에 일제히
어깨 동아줄 만들고

내 오른편 작은 키 나무
윤기 흐르는 검은 숲 하얀 털미
목례하며 고운 잎사귀 내밀고
왼편은 굵고 검은 가지
부엉이 앉아 울었을 어깻죽지
그 위로 긴 팔을 얹히는 달빛아

나는 왼편 언덕으로 끌려간다
가지를 떠나는 새들
불빛 쪽으로 화다닥 화다닥
그 날갯짓 뒤로 작은 키 나무 하나
우두커니 서 있다 언덕 중간쯤
내가 몇 걸음 쉬쉬 내려가
그 잎사귀 꽉 붙잡고

지그시 안아도 보고 싶지만

가지끼리 얽히며 오르락내리락
서로 키높이 맞춰주느라
엎치락뒤치락 어깨의 율동
불빛에 일렁이는 산그림자 밟고
조금씩 뒤엉키는 여윈 발목들
하늘 휘감아 도는 달무리 따라

다도해

그리움은 다 어디에 잠겨 있는가
아마득히 달려온 이곳
한동안 벗고 있던 바다는
어느새 검푸른 치마폭을 두르고
그 중 키 큰 섬 몇 개
지친 혼행 신부처럼 멍하니
앉아 있더니
그마저도 반가운 불빛 몇 개
족두리처럼 벗어놓고
하늘에 안겨 버리다니

어두워져서 그곳 떠나
몇 번 뒤돌아보며 내려온 언덕길
이 밥집, 내가 못보고 온 줄 어떻게 알았는지

검은 콩장 · 고추장아찌 · 조기 한 마리 · 된장에 뜬 부두 · 산나물 주먹무침 · 무채 타래 위 회 한 점씩 · 검정 껍질 찐 단호박 · 메추리 두 알 · 갓김치 한 사리 · 동그랑땡 세 닢 · 뚝배기 계란찜에 뜬……동글동글 접시 위에 아득히 잠긴……

한 상 가득 늦은 밥상 낸다

대장간에서

펄펄 끓게 해놓고는
모질게도 두들겨 맞는다

괭이가 되기 전의 그것
순식간 기역자로 제 스스로 몸 구부려
풍덩 뛰어들고 만다, 웅덩이 속으로

그것이 되기 전의 호미
할미꽃대처럼 제 목을 부러뜨리고는
진흙바닥에 주둥이를 쳐박고

내가 되기 전의 나는
무엇에 저항한 과거였는가
누군가에게 작은 망치 하나
쥐어주지도 않았잖은가
내 비겁한 성깔의 이 식어빠진 불덩어리들은

음식삼대

"어무이, 맛있어요
치할라, 천처이 무라"

쌀독 바닥이 붉은 나이테를 드러내면
고구마 삶아먹는 가슴 뭉클한 저녁
김치 국물에 뜨는 시린 별
허기도 그쯤이면 아름다웠단다

이따끔 우물 한 솥 길어다 끓였지
굴뚝 연기 푸짐하게 이웃에 담아 보내던
이른 봄 텅 빈 밥상
그런 저녁에도 용하게 배를 불렸단다

오늘은 내가 너의 만찬을 준비하마
냉장실에서 숙성한 닭 모가지 자르고
대파 솎고 마늘 으깨고
가스레인지 구멍으로 도마뱀 혀를 불러내야지
마침내 빠끌빠글 끓어오르는 용암

"애비 : 맛있느냐?

녀석 : ……”

접시 위에서 제 몸만큼 쌓였다가 무너지는
중심 잃은 뼈들의 탑

(큰창자 작은창자 염통 간 모래주머니 알집… 눈물 큰 한 술) 눈물이 왜 짠지를 아는 것처럼 빠알간 기름덩어리 섬처럼 동동 띄워서 한바다 펼쳐 놓으시던 우리 어머니 닭살 손마디가 보고 싶단다

텃밭 화초들이

또다시 쪼아댄다, 이것들이
새벽같이 깨어나는 허기들
입에 단내까지 풍기면서

두어 평 분양받은 햇살
아직 위태위태한 수유기
가뭄에 독 오른 가시들처럼
칭얼대는 새끼들 외면하고
돌아눕는 어미 젖가슴마냥
어디론가 나는 실종되고 싶은데

“우리 여기 눈뜨고 있어요
푸른 젖살 밤새 한 뼘 더 자랐구요
가슴에 작은 망울도 하나둘씩
터지려 하고 있잖아요”

갈증을 되새김질하는 둥지
기어이 물 한 모금 머금고 나서는 삶이라니
내 살점이라도 쪼아 먹겠다는 게냐
쪽쪽 벌리는 저 빨간 모래구멍들이라니

이것들이!
애비라고 어떨 것 같으냐

그 풀밭 버섯 피워 내듯이

한 살이라도 더 먹는 건
아무래도 섭섭한 일

저 어린 것들 무른 눈동자
촐망촐망 영글어야 하고
새벽 밝고 한낮 뜨거워 저녁이 오면
별들 하늘에서 광년으로 내달려와
그 눈 속에서 빛나야 하고

새끼 나무들 건방지듯 쑤욱쑤욱 자라나
성성한 잎 단단한 팔다리 근육 키워서
바람과 새와 달과 별들의 둥지
아름답게 지어야 할 일이고

내가 옹기마냥 구부러지며
흙에 조금 더 가까이 다가가는 건
그늘에 조금 더 가까이 다가가는 건
좀 쑥스러운 일이겠지만

병상에 누워 약효 키우는 투병의 숨결에

고목 가장 깊은 상처에서 움트는 재생의 씨앗에
열병에 몸 빼앗겨 황홀하게 빠져든 몽유병에
또 그것을 기다리는 모든 것들에게

깊이 찔러볼까, 시간의 주사바늘

무심히 다니는 그 길섶에 누워 있다가
반짝반짝 피어나는 시간의 소금들이여
하루살이 버섯들이여
내 삶 슬픈 마디마디에 스며드는
링거액 같은

계단

1
여태껏 살아오면서
얼마나 많은 언덕을
기어올라갔던가

허둥지둥
바람을 밟고
폭풍우의 심장을
때론 짐승의 발톱으로
새의 날개와 나무들의 비상으로
땅을 긁으며 포복하는 뱀의 비늘로

절망으로 오르는 그곳의 길은 언제나
붉은 카펫 깔리며 섬뜩하게 나 있는데

언제나 삐거덕거리면서
발목의 균형을 무너뜨리는 그 높이에서
고속으로 하강하며
현기증 나는 일상들이여

살아오면서 나는
얼마나 가슴 쓸며 올라갔던가
문을 열기가 무서운
그곳으로 오르는 몇 개의 계단
언제나 직각으로 날 세운 벼랑들
그 앞에서 몸을 움츠렸던가

얼마나 많은 언덕을
굴러 떨어졌던가

2
바람의 지뢰는 밟아봐야 알 수 있지
수백 개의 발목을 잃어봐야
절망으로 상승하는 도르래
왜 그 방에는 언제나 불이 켜져 있는가를
왜 그 버튼을 눌러야 하는지
더 높은 곳으로 올라갔다가
갑자기, 혹은 서서히
날개를 펴 봐야 알 수 있지
내가 무엇을 열었는지

날 선 벼랑마다 숨어 있는
독 오른 저 암초들
정강이가 깨져봐야 넘어질 수 있지
떨어져 내리는 꽃잎들이
왜 아름다운 것인지

오늘밤에는

무슨 일이 일어날 것만 같다
가령 반쪽 저 달이 프라이팬에서 자글자글
찬별이 냉동실에서 서로 끌어안거나
심술궂은 바람 작은 창을 열고
주름진 커튼 박박 찢어놓거나
서해바다 염전 창고에서
잠자고 있던 소금들이 눈비비고 일어나
때 묻은 옷을 훌훌 벗거나
눈이 되어 누워 있던 자리에 내리거나
붉은 가운 걸친 의사가
내 추억의 흉부에
차가운 청진기를 들이대거나
워킹 홀리데이 속으로 실종한 아이가
나로호를 타고 솟구치다가
갑자기 추락하거나
아니거나

이상한 버릇들은

묵주알을 짚어 넘기면서
깨금발로 분심을 따라간다
바람의 심지에서는
고통의 신비 3단에서 5단까지
꺼질 듯 타오를 듯

어디서 왔는가 이 버릇들은

다리를 건너가면서
반대쪽에서 건너오는 사람들 다리를 쳐다본다

숨 넘기듯 오르는 깔딱고개
발가락이 두어 개쯤 앞창을 뚫고 나와
내 가슴을 툭툭 치는 등산화들을
물끄러미 쳐다본다
추월해 간 그 오르막길은
어디쯤 가고 있을까

금전들이 길게 견인되고 있는 매표소 앞
그 서먹서먹한 꼬리를 잡고 서 있다가

오버이트하며 나오는 사람 얼굴들을
왜 뚫어져라 쳐다보는가 스크린처럼

보이지 않는 저쪽 볼 수도 없는 그곳으로
열심히 뛰어가는 나
그곳에서 이쪽으로 걸어 나오는 사람은
그림자도 보지 못하면서

삶이 꽤나 근엄한 체하는
타인들의 장례식에서 생각해 보면 알겠다
내 이상한 버릇

내 생각에 망령 여럿

이것들,
나보다 한발 앞서 가는 이것들
벼랑 끝 아슬아슬 매달린 이것
낡은 유곽 주저앉아 술잔 기울이는 이것
해 뜨는 곳으로 난 길을
땅거미로 덮어버리는 이것
노래 흐르는 강물 말려버리고
내 가슴에 미약 묻혀 꽂을
비수 같은 이것
언제나 내 길목 긴 그림자로 숨어

어쩌다 사랑 고백이라도 하려면
모가지 중간쯤에서 내 혀를 당기는 것들
고해성사로 구부린 무릎에
꽃방석을 받치고
이따금 내 몸으로 빙의까지 하는
이것들, 이것들
내 안에 둥지를 틀고
새끼까지 치면서
내 삶의 신탁까지 넘보는

이것들 이것들, 이것들
알고 보면 내가 잉태하고 키운

사람과 사람 사이에 버짐이 핀다

언제나 이맘때 버스정거장
초가을 따가운 햇살 받으며
나무들 오래전부터 여기 서 있고
그런데 서 있는 사람들의 간격으로 서 있고
이윽고 저 사람 걸어온다
본당 성체 행렬에서 지나치는 사이
쭈볏쭈볏 목례 평화의 인사도 못 나눈 사이
그쯤에서 걸음을 멈춘다
10미터 간격쯤 그 중간에서
백반증 플라터너스 한 그루
저 사람과 이 사람을 가려주고 있다
고마워서 힐끔
눈알만 왼쪽으로 돌려 보니
저 사람의 나온 배가 조금 보인다
이 사람도 반 걸음쯤 슬쩍 뒷걸음이다
두 시선이 만나는 곳에서 마른버짐이 핀다
버스는 어서 오지 않고

얼어붙은 입

남산 모퉁이 시창작실습교실
"오군 이창기 한번 분해해 보시지"
바로 앞자리 창기 까들까들
비쩍 말라 근엄한 그 나무 앞에서
내 입은 꽁꽁
몇 종류 새 떼들만 왁자지껄

끝내 가지고 가셨더군요, 그날 제가 보낸 밀서, 바작바작 구겨서 아습아습 씹어 드셨겠군요, 좀 더듬거리면 어때, 노래만 잘하면 되지, 하시면서,

말더듬이처럼 답답하고 서글펐던 유년
내 어둔한 말과 생각 속에 숨어 있는 가시들
끝내 노래 한 소절 시원하게 내놓지 못하게
누군가가 내 혀를 안에서 잡아당긴 것도 아니었을 터

이후 한 번도 저를 호명하지 않았고, 결국, 오규원이라는 그 나무에서 떨어뜨린 게지요, 길바닥에 툴툴툴 구르다가, 한곳에 처박혀 있다가, 이제사 제 혼령이 먼저 으슬렁거립니다, 그 전등사 언덕, 그 나무 앞에요, 더듬더듬, 슬금슬금, 오군! 하고 호명하지는 않지만, 아직 풀리지 않은 노래나마 한 접시 올리려고요,

꿈값 좀 되돌려 줄 수 있겠니

알뜰히도 채워 넣더니만
내가 뭐랬어? 빵빵한 게 중량 초과
그러면 어때, 빛나는 이름표 달고
미지로 가는 터널 속으로
슬슬슬 밀어 보내고

이제 시간이 되었다
어서 검색대를 통과하려무나
난 여기 한동안 서서
현란하게 호객행위하는 저 도시들
꿈이 내리고 뜨는 시간표나
물끄러미 쳐다보다가 가지 뭐

아, 꽁무니에 번쩍번쩍 별 매달고
솟구쳐 오르는구나 너는, 저기
우리 사이에 낮달도 떴구나
저 달에다가도 관람료 좀 내고
눈발 날리기 시작하는
나의 쓸쓸한 저녁 길에도
결재해야 할 통행료가 있으니

일시불로 지불해야 할
연체된 그리움이 남아 있으니

활어차 붕붕

강남대로에 떴다, 특장차에 실려
오늘 푸르고 깊은 모양
찰방찰방 창을 때리는 파도
눈부시게 밟히고 있는 모래들

그래, 저 바다 한번 따라가 보자
쟁반처럼 뚫린 창 너머
하릴없이 시소 타는 수평선
시퍼렇게 날 세운 지느러미들
손모가지 같은 뱅뱅 사거리 쪽으로
비늘에 점멸하는 좌회전 깜빡이

이 뱃길 나는 표류객인가
교보타워 등대까지 견인된 바다가
해저 길 만드는 철판 위에서
잠시 풀리는 돛이다
검은 팔뚝에서 걸어 나오는
등빛 푸른 고기 한 마리
뒤에 실린 바다를 바라보다가
다시 키를 잡는데

어느 섬으로 떠내려가나
나의 길은 파도처럼 헛갈리는데

민들레 유곽

꽃망울 터지자
씨앗들이 세운 집
바닥에 신발 벗어 놓고
꽤 높은 바람 계단을 타고 올랐구나
개미 한 마리

투명해서 주렴 가리고
누군가를 기다리는 햇빛
다소곳이 병풍 뒤에서 꿇은 바람들
가까이서 웃음소리 노랫소리

이 방 저 방 기웃기웃
그러다가 짧은 인연 하나 만나
눈부신 무릎 끌어당겨
감주도 한 잔
취해서 비틀거리는 한세월도
온몸으로 끌어안다가

저기 허공 내딛는 것좀 보게
갈지자 걸음 동그란 처마에서

뚝뚝 떨어지면 어때
밑에는 향기로운 꽃솜 이불

창밖에 돌연 몽롱한 하늘
뿌연 안개를 덮는 길,
바깥세상 먼저 눈 감아라 하고
하염없이 헤매고 싶은
일장춘몽도

에라! 가던 길 내던져버리고
나도 그 집 앞 풀섶에
털썩 주저앉는다

땅거미

이곳의 병상들은 해 지는 곳으로 누워 있다
창을 열지 마라, 대지의 지평선이
자기 집으로 돌아가는 시간
아주 천천히 나는 숨을 조금씩 놓치는 중환자
오히려 평온한 맥박들
보지 말아라, 지평선에서 빠져나온 눈먼 길들이
제 스스로 몸을 감추는 시간에는,
길이 있던 자리가 하얗게 빛난다
이제 적당한 때, 나는 수의를 준비할 것이다
그 열망의 티켓을 쥐고
엄숙해진 저 지붕들과 햇빛 투신한 언덕
어둠이 긴 이불을 덮는 강
비쩍 마른 나무들이 손잡으며 다가앉는 실루엣으로
나의 여정을 입장시킬 것이다, 소리 없이
기억하지 마라, 한 번도 반짝이지 못한 이름들
나의 마지막 노래는 차마 끝을 못 맺고
하늘 언저리 떠도는 구름에게나
길 찾아 낭떠러지로 하강하는 뿌리에게나
묻어 두리라, 그러면 저 지평선 끝에서
반짝 하고 별 하나 돋을지 모를 일

누구의 별인지는 모르지만
떨어지다가 멈춘 링거병 호스 속
숨길 같을

막다른 길

육부능선까지만
오늘 내 등산길
진입로 따라 부지런히
곁에서 무엇이 그리 한가한지
허리 추욱 늘어뜨리고
졸졸졸 따라오는 늙은 전깃줄
귀찮은 동행 떨궈버리듯
보아둔 산삼이라도 있는 것마냥
허겁지겁 당도하는 절 문 앞
놀란 발목 만지며
마지막 전봇대 기대어 앉아 있는데
달달달 그제야 도착한 그들이
비지땀 같은 전기를 콸콸콸
변압기 통에 쏟아붓는다
이마 끝에서 감전되는 팔부능선 쪽
오늘따라 훌쭉해진 구곡폭포
깡마른 체구를 직각으로 꺾어
아래로 투신하고 있다

3부

시간은

제 스스로 흐르지 않지
그냥 있는 것이지
걸어가기가 귀찮은 것이지
흘러가는 것 강물이지
달려가는 것 바람이지
저들의 길을 따라 도는 것은
별자리들이지 그리움들이지
새들이지 물고기지 짐승들이지
무지개는 언제나 문을 다 열지 않고
어떤 사람들처럼 시간은 가끔
뛰어가기도 하는 것이지
우리가 어디에 홀려 있을 때
평소에는 그 자리 그냥 서 있는 것이지
피곤하면 앉거나 몸을 눕히는 것이지
그러니 시간을 내어
서랍을 괜히 한 번씩 열어 보지 마라
그 안에 그냥 누워 있는 보석도
보여지기 싫은 것이지
숨쉬기 싫은 것이지
우리에게 추억이 있는 것은
시간의 몸에 대못을 박았기 때문이지

길 속 길

그들은 어떻게 찾는지 몰라
길 속 또 하나 길
숨어 있는 길
흰 지팡이 돌부리에 차이고
나선형 계단을 타고 흐르는 물웅덩이
눈 멍하니 뜬 행인들이
그들 앞을 막아서는데

처음에는 아득했는지 몰라
땅속의 길 가다가
그 자리에 서서
길이 되어버린 나무들
무성한 잎사귀 꽃과 열매
새소리와 바람 눈과 비로
이정표 만들어버린

넘어져 무릎 깨지고
아무리 헤엄쳐도 바다 속
숨어버리는 얼굴들
검은색 하늘

손 흔들며 꽃들 호객해도
섬과 섬 사이 건너다가
그만 주저앉고 싶은
꿈속 같았겠지

그 길 찾다가 그만
한쪽으로 치켜 올라 서버린
저 흰 눈동자들도

낱말 스캔들

'그' 로 시작하는 말?
그럭저럭, 그르치다, 그만저만…
그 중 한 놈 붙잡고,
"봉순이의 두 손을 감싸 쥐는 월선의 눈에 눈물이
♡♡♡♡ 돌았다"≪박경리, 토지≫

"저 어른이 네게 ☆☆☆뻘 되는 어른이시다"≪홍명희, 임꺽정≫
가장 거칠고도 푸근한 이름 하나
오랜만에 불러 보고는,

"보고 싶어서 하염없이 애타는 내 마음"≪오두섭, 낱말 스캔들≫
…○○○…

그 리 움
렁
아 저 씨
렁

생전에 일면식도 없이
길거리를 배회하다가
샴쌍둥이마냥
그만 핏줄을 잇고 마는,
뜨거운 정분이라도 맺을 양
세탁기 속에서 뒤엉키다 만나는
그런 삶들이 몸을 섞다니

바람 바람 바람

쓸쓸한 것들만 머물다 가는
그 언덕배기에 서서
목마른 날갯짓 나무들이 없었더라면
어디를 헤매고 돌아다녔을까
내려앉을 곳 마땅찮은 깃털마냥
잠은 또 어디에서

강물이 제 아랫도리를
숨김없이 드러냈더라면
길을 어떻게 찾아 달려 왔을까
눈먼 들판과 별 떨어지는 사막과
뿌리들이 혀를 날름대는 절벽은
또 어떻게 맞닥뜨렸을까나
바다가 보이는 그 산등성이에는
몇 번이나 헉헉 올라가 봤을까나

이제 와서 하는 이야기지만
나같이 어리숙한 짐승들이 없었더라면
얼에 콩깍지를 씌우기나 할 수 있었을까
이 몸뚱어리 저 몸뚱어리 옮아 다니며

천사표 같은 미약을 먹여
눈이 삐게 할 수 있었을까

누구나 한 번쯤은
너의 이름으로 들어가
그렇게 아름답게 혼이 빠져서

돌탑

1
먼 길 와 가쁜 숨 하나,
높은 곳 오르다가 삔 발목 하나,
마른하늘에서 치는 번개
여기까지 못 와 하얗게 탄 애 하나,
상처 짊어지고 서로 부축해 올라온 마음
하나, 둘, 셋……, 열, 스물, 삼백, 오백……,
콸콸 넘치는 계곡

2
먼저 와 있던 돌이 밑에서
왜 나를 밟고 오르려느냐고 한다
옆의 돌이 길을 조금 내준다
그 밑의 돌이 왜 내가 자꾸
무거워지는 거냐고 한다
옆의 돌이 위를 조금 받쳐준다
태풍이 불었다,
몇몇이 계곡으로 굴러갔다
밑의 밑의 돌이 하늘이 왜 점점
빛을 거두어 가느냐고 말하지 않는다

옆의 돌이 작은 창을 하나 내주지 않는다
밑의 밑의 밑의 돌이
숨 막힌다고 안 한다
계곡으로 나온 짐승 몇 마리,
이글거리는 눈빛으로
이쪽을 지켜보고 있다

국화꽃

갑자기 오는 이것은 저것은
온다 간다 노래를 부르면서도
그때를 다 알고 있는 척하면서도
매번 이렇게 부닥치는 저것은 이것은
마침내 오고야 마는데

도대체 이 많은 꽃들은
다 어디서 왔을까
어떤 삶에서 꽃 피웠을까
어디에 실려 어느 길 달려왔을까
봄부터 소쩍새는 울지도 않았는데
천둥은 먹구름 속에서
한동안 숨죽이고 있었는데

멀고 먼 길 돌아서 왔는가
검거나 흰 장막 속
언제나 환하게 웃고 있는 전생 앞
향나무 태우는 냄새나 맡으면서
방언 내뱉는 울음소리
희거나 검은 치마폭에나 훔치면서

무덤덤 서 있다가

그 많은 눈물강은
어떤 계곡을 흐르고 있을까
하늘로 하늘로 솟구치는 폭포수
애통해 하는 척하는 손아귀에
한 방울씩 쥐어져
뚝뚝 뚝뚝뚝 떨구고 마는
저 많은 꽃들은

물방울

시작은 모른 채
여기까지 달려온 길
소매 끝 꽉 붙잡았다
숨죽이며 벼랑 떠받는 바람
시간이 잠시 숨쉬기를 멈춘다
더 이상 터질 곳 없는
꽃의 절정인 듯
절체절명인 듯
빌 공!
사이 간!
목까지 올라온 숨
놓치지 않고 머금고 있다
공간과 시간의 경계를
만들고 있는 듯이
깜짝 순!
틈 간!

배추벌레

제가 여태 갉아 먹은 것
밥 아니라 하늘이다
좀처럼 뜨지지 않는
눈을 조금이라도 더
트여 보기 위해서다
갉아 먹은 하늘이 발효가 되어
그런 색깔이 되었다
그런 주름이 되었다
제가 여태 밥 먹은 것은
하늘을 조금이라도 더 넓게
열어 보기 위해서다

옷 갈아입는

갈대숲 어귀에서
아까부터 서성거리네 저 남자

쉿! 불경스럽다
열탕에 잔뜩 몸뚱어리 익혔다가
언덕 위로 기어 올라오는
나무들 옷을 풀어헤쳤는데

달구어지는 벌판 뜨거운 욕망으로
산의 가슴을 뚫고 들어가는 기차
음속으로 뒤따라가는 바람의 옷자락
화물칸에 잔뜩 실려 가는 소금 푸대들
불순한 관계의 재고품들

갈대숲으로 걸어 들어간 여자가
화장을 하고 옷을 갈아입는 사이

한여름 타버린 연기재 뒤집어쓰고
터널 속에서 걸어 나오는 땅거미
하늘을 저수지에 빠뜨리고

숨어서 알몸으로 멱 감은 시간들
황급히 언덕 저쪽으로 넘어가는데

쉿! 화대를 손에 쥔 저 남자
갈대숲 대문을 밀치는데

무지개, 달무리

구름이 되지 못했다
안개비로도 내리지 못했다
허공 떠도는 물방울들 만나
젖은 손 붙잡고
저들 울타리 안에
저 달 가두어 놓았다

제 몸 절반쯤은 숨기고 있다
그 빛깔들은 언제나
아무도 가보지 못한 언덕 너머
호수 속에서 몸을 담그고 있는

아무 이유도 없는 그리움처럼
서로 몸 섞지 않은 순결처럼

고구마

젖은 물길 따라가다가
뒤에서 길들이 자꾸 떼밀고 와
넘어지고 덮치고 쌓이고
그만 주저앉은 그곳

흙을 짊어지고 달려온 물길들이
그들을 밟고 지나갔든가
제 몸에 있던
유전자를 조금씩 내주었든가
잘 모르겠지만

호미로 누가 흠집을 냈나 보다
생채기 허옇게 드러내고
얼굴 붉히고 만 것이

땅속 흘러가던 물길들도 여기에서 멈췄는가 보다
저렇게 탱탱 부어 있는 게

임종

언제부터 저리 경련이라십니까
힘줄만 남은 손목 움푹 패인 발목
벨트에 단단히 묶여
무슨 안간힘이라십니까

언제나 조금 이르다 싶지만
급기야 부딪히는 막다른 골목
이마를 치고 마는 벽돌 담장
다시는 깨어나지 못할 혼절인가요

지금 어느 바다 건너오는 겁니까
언제쯤 이곳에 도달할 겁니까
전갈을 여러 번 넣어 보지만
저 백의천사도 기별을 전달 못하고
호흡기 속에서 얼어붙기만 하는 숨결
전자청진기 볼륨만 한껏 높이고서는

아직은 때가 아니라하여
남루한 육신에 넋 기워 넣고
노제라도 한판 벌이자는 건가요

차마 가져올 수 없는 생의 뼈다귀들을
게워 내기라도 하려는 건가요

이쪽으로 건너오시는 길은
언제나 하얗게 열려 있답니다

길 위의 식탁

식탁 하나 버려져 있다
이 식탁의 주인은 한 시절
기름진 식솔을 거느렸겠다
어느 날 번갯불에 접시들이 깨어지고
그의 좌정에 두 손 모우던 식구들
현무암 유리판 밑에 눌려 붙여진
활짝 웃고 있는 치아들만 남기고
네 다리로 견디다가 기울어버린
밥그릇의 무게들
내리는 비를 온몸으로 맞으며
입 벌린 식욕이 꽃피어나는
저잣거리에서는
저런 사연으로 버려진 삶들도
재활용이 되는지

피맛골

가로수 하나 그대로 누우면
가장 높은 가지의 거리에서
꽤 오래 머물렀던 제과점 떠난 자리
벌써 전부터 건물 숲 무성하고
그 나무 손 뻗으면 닿을 곳쯤에서
반 토막이나 잘려나가고 없다
어떻게 올라갔는가 지붕 위에서
관절 꺾고 앉아 있는 사마귀
콘크리트 밖으로 삐져나온
녹슨 철근들을 쪼아대고 있다
쿵닥쿵닥 대낮의 노래방 소리
리어카에서 샘솟는 뽕짝의 분수
길바닥에 흩뿌려진 전단지 짓밟고
한 떼의 식객들이 골목으로 들이친다
무너질 벽을 꽉 붙잡고
비지땀 흘리고 있는 담쟁이넝쿨
서 있는 것이 모두 힘겨워 보인다
떠날 것들이 제 그림자 깔고 앉아
꾸역꾸역 몸을 꾸리는 한낮
반쯤 남은 창문의 환풍기가
제 스스로 힘겹게 날개를 돌리고

| 해설 |

현실과 자연을 드러내는 묘사의 힘

이하석(시인)

1

폭우가 연일 들이친다. 뇌성도 잦다. 맑은 날은 아주 무덥다. 이상한 날씨다. 기상이 고르지 않다. 게릴라성 폭우에 휘청거리지만, 같은 도시의 다른 곳에서는 날씨가 짱짱하다. 그래서 올여름은 어수선하고, 얼룩덜룩하다는 느낌이 든다.

그런 속에서 오두섭의 시들을 읽는다. 내게 원고를 맡긴 게 지난 늦은 봄이었는데, 이리 저리 일에 부대끼다 보니 이렇게 늦어버렸다. 내가 사는 도시를 떠나는 일도 잦았는데, 그때마다 시 원고를 가방에 넣고 다니는 걸 잊지 않을 만큼 부담을 가졌는데도 말이다. 어쨌든 시를 읽고, 밑줄을 긋기도 하면서 나는 마냥 게으름을 피운 듯하다. 바쁘다는 핑계를 댔지만, 세상에 이런 일보다 더 크게 바쁜 일이 무엇이겠는가? 물론 바쁘기도 했지만, 그의 시를 읽으면서 느끼는 부담 때문에 자꾸만 쓰는 걸 머뭇거려왔다는 게 더 맞는 말일 듯하다. 왜 그런 부담을 느낀 걸까?

오두섭은 동향의 후배다. 일찍이 열정적인 문청시절을 거치면서 특이한 언어감각과 삶에 대한 남다른 의식으로 그 또래 가운데에서 늘 범상치 않는 모습을 보였던 것으로 기억한다. 그런 그가 등단 후 '오늘의 시' 동인 참여 등 활동을 하다가 서울로 삶터를 옮아간 다음에는 거의 만나지 못했다. 소식은 이따금 듣게 마련이었는데, 시 발표가 거의 없는 게 안타까웠다. 무엇보다 여전히 열정적으로 시를 쓰고 있는지가 궁금했다. 그런데, 뒤늦게, 올봄에서야 첫 시집을 낸다는 소식과 함께 두터운 양의 원고를 한꺼번에 안겨온 것이다. 뜻밖이었다. 50이 훨씬 넘어서 내는 첫 시집이라니, 신비하기도 하고, 궁금하기도 했다. 그래서였을까, 원고를 받자마자 단숨에 읽었는데, 만만찮은 기세로 나를 흔들었다.

그러나 그의 원고를 두고 무슨 말을 할 수 있는가라는 생각이 나를 짓눌렀다. 그의 생애의 전반적인 무게가 느껴지는 말들 앞에서 나의 말이 얼마나 어줍잖은가라는 두려움을 느꼈기 때문일까? 그의 시를 읽으면서 시가 어떻게, 왜 한 사람을 평생 붙들고 있는지를 또는 한 사람이 왜 평생 시에 붙들려 있는지를 생각하기도 했다. 바쁘게 살아가는 가운데서도 늘 시에 대한 부담을 갖고 언어를 매만지는 손길을 놓지 않고 있었음을 이번 시집 원고는 확실하게 보여주고 있기 때문이다. 특히 오늘의 현실을 나름의 시각으로 드러내는 일에 아주 민감하면서 절실한 태도를 보여, 그의 시 작업이 여전히 간단없이 이루어지고 있음을 짐작하게 한다. 어쩌면 오두섭에게 있어서 시는 꼭 발표를 하고, 독자를 의식하는 것이라는 생각을 넘어서서 존재하는, 삶의 한 기운으로 작용하면서 늘 들끓는 현실적인 문제들을 표현해낼 수 있는 그만의 유일한 매체였을지도 모른다. 그렇다면 더더구나 그의 시에 대해 무슨 말을 한다는 게 쉽지 않다는 생각이 드는 것이다.

그러므로 이 글은 그의 시에 대한 해설이기보다는 시를 읽고 난 후의 소감쯤으로 그치려 한다. 어쨌든 함께 동시대를 살아가면서 입장이 다르고 처지가 다르나마 이렇게 시를 나누고 그 기미를 짚으며, 그 기운을 호흡하는 것은 참으로 기꺼운 일이라는 생각을 한다. 그것은 또 얼마나 고마운 일인가?

2

오두섭의 시는 읽는 이를 즐겁게 하진 않는 듯하다. 뭔가 모르게 불편스럽게 만든다. 감정을 자연스럽게 풀어내지 않고 상당히 엄격하게 통제하며, 정서적으로 열어놓는 게 아니라, 끊임없이 속마음을 닫아걸기 때문일까? 언어구사의 활달함에도 불구하고 이미지를 충돌시키는 방식이 꽤 엄격하다는 느낌을 준다. 낯선 풍경들을 간단없이 그려서 펼쳐 놓는 묘사의 힘이 넘친다.

육부능선까지만
오늘 내 등산길
진입로 따라 부지런히
곁에서 무엇이 그리 한가한지
허리 추욱 늘어뜨리고
졸졸졸 따라오는 늙은 전깃줄
귀찮은 동행 떨궈버리듯
보아둔 산삼이라도 있는 것마냥
허겁지겁 당도하는 절 문 앞
놀란 발목 만지며
마지막 전봇대 기대어 앉아 있는데
달달달 그제서야 도착한 그들이
비지땀 같은 전기를 콸콸콸
변압기 통에 쏟아붙는다
이마 끝에서 감전되는 팔부능선 쪽
오늘따라 훌쭉해진 구곡폭포
깡마른 체구를 직각으로 꺾어
아래로 투신하고 있다

—「막다른 길」 전문

풍경의 묘사가 특이하다. 감정 개입을 자제하면서 정제되고 선택된 사물들을 의도적으로 배치하여 한 풍경을 이루도록 이미지들이 얽어 짜여 있다. 역동적 묘사를 통해 적극적으로 자신의 시선을 '사납게' 드러내며, 특히 현실 상황을 조감하는 시선을 강조한다. 이 시는 자연 속으로 들어가는 그를 집요하게 따라붙는 문명의 그림자에 추적당하는 난처함을 보여주는데, 그의 시의 대부분이 이런 현실적인 한계를 묘사해내는 데 주력하고 있는 듯 보인다. 일상적인 데 시각을 고정시키면서, 현실적인 문제를 희석시키지 않고 드러내는 것이다. 이 점에서 오두섭 특유의 시각이 드러나는 듯하다.

어느 날 바닥에 떨어져 몇 번 구르다가 뒤에서 달려오던 바퀴에 깔려 길에서 길을 잃는 양철 연통을 보았다

—「원통」 부분

남자, 엘리베이터를 탔을 것이다
천정에 달린 물고기눈(魚眼) 속에
몸통을 동그랗게 말아 넣었을 것이다
현금지급기 앞 비밀번호로 얼굴을 펴고
제 몸은 잘게 썰어지는 지폐 갈피에 숨길 것이다
지문을 찍은 그 남자의 길이
꽤나 얽힌 미로다

—「거울에 관한 아홉 개의 난상」 부분

종종걸음으로 나서는 바람 한 줄기에
가지 뒤척이며 깨어나는 나무들
막 시간을 바꾼 경비원
계단의 발자국을 쓸어내다가

꼭대기로 오르는 단추를 누른다
방마다 퍼져 누운 삶은 아직 꿈결인가
때 낀 소매 단추를 벗기며 보니
내 몸 덮을 그 자리가
어둑어둑 구겨져 있다

—「새벽 퇴근」 부분

이곳의 병상들은 해 지는 곳으로 누워 있다
창을 열지 마라, 대지의 지평선이
자기 집으로 돌아가는 시간
아주 천천히 나는 숨을 조금씩 놓치는 중환자
오히려 평온한 맥박들
보지 말아라, 지평선에서 빠져나온 눈먼 길들이
제 스스로 몸을 감추는 시간에는,

—「땅거미」 부분

그냥 집히는 대로 뽑아본 구절들이다. 이 구절들을 봐도 그의 묘사가 얼마나 냉정하면서 치열하게 이루어지고 있으며, 자신이 몸담고 있는 현실 문제에 시선을 고정하고 있는지를 알 수 있다. 그가 그려내는 것들은 대도시의 빌딩 숲에 갇혀 사는, 소외되고, 무개성적인, 구석으로 내몰린 존재들이다. 아무렇게나 취급당하며, 그 자신으로부터도 자주 소외된다. 그들은 거울을 통해 반사되듯(「거울에 관한 아홉 개의 난상」) 실체보다는 허상으로 보여지며, 실제의 모습이기보다는 왜곡되거나 굴절된 '난상亂像' 으로 드러난다. 다음과 같은 극명한 소외의 모습으로 떠오르기도 한다.

> 그 남자, 군중 속이다
> 자기를 쳐다보는 얼굴들이
> 모두 자기다
> 그 여자, 깨진 하늘을 밟고
> 빛들이 죽어가는 광장이다
> 회전문 안에서 그 남자와 여자가
> 빙글빙글 돈다
>
> —「거울에 관한 아홉 개의 난상」 부분

시 「원통」에서는 원통을 연상시키는 다양한 사물의 모습들이 드러나는데, 그런 존재의 모습들을 바라보는 시각이 고정되거나 획일화될 수 없으며, '하나의 길' 로 규정되어서 나타날 수 없음을 강조한다. 그러면서도 그 존재들은 하나같이 '길을 잃은' 상태이다.

집에 돌아와도 누울 잠자리조차 '어둑어둑 구겨져 있' 는(「새벽 퇴근」) 불안한 삶의 모습들. 정규직이기보다는 비정규직으로 근무하는, 어디에서든 확실하게 소속되어 있지 못하고, 늘 불안하게 부유하는 존재들. 항상 위험 앞에 서 있으며, 우연하게 사라져버리거나 잊힐 수도 있는 존재들. 그렇게 모두 외로운 모습들이다. 또는 '해 지는 곳으로 누워 있는' (「땅거미」) 아픈 모습들이며, 스스로 '한 번도 반짝이지 못한 이름들' 로 자책

하는 존재들이다. 바로 산업화의 뒤곁에서 살아가는 이들이거나 그들을 바라보는 시인 자신의 모습이다. 그들의 모습들을 희화적이면서 극적으로 떠올리는 방식으로 역동적 묘사가 가장 적절한 것이라 여기는 듯하다. 앞에서 풍경이나 사물 또는 사람의 모습을 '사납게' 드러낸다고 한 것은 이런 역동적 묘사를 두고 한 말이다.

그는 우리의 삶이 부박한 현실 속에 부유하고 있거나 갇혀 있음을 '사나운' 묘사를 통해 보여준다. 보여주기만 할 뿐 설명하진 않지만, 현실 상황의 묘사는 설명 이상의 설득력을 갖는다. 갇힌 현실을 벗어나기 위한 해답을 제시하는 대신 보여줌으로써 더욱 선명하게 우리의 선 자리를 드러낸다.

3

그가 그려내는 현실의 답답함을 넘어서는 길은 없는 것일까? 오두섭은 현실적 정황을 그려낼 뿐, 그것을 진단하고 해답을 제시하면서 새로운 삶의 전망을 내놓으려고 애쓰지는 않는다. 보여줌으로써 깨닫게 하는 것이다. 그렇다면 그 대안 세계 역시 그가 그려내는 세계를 통해 볼 수밖에 없다. 오두섭은 그 대안 세계가 자연 속에 있음을 역동적이고 생기 있는 자연 묘사를 통해 깨닫게 해준다.

때로 그가 그려내는 자연은 너무나 격정적이어서 그 자신을 강력하게 소외시킨다.

낮잠의 둥치를 통째로 뒤흔든 나무를 버리고

새들은 강 건너 구름 높이의 유리창에
자기들의 모습을 위장시켜 놓았다

—「그날 테러 보고서」 부분

새들이 자신의 둥치가 있는 나무를 버리고 빌딩의 고층 유리창 속에 자신들을 위장시켜놓는다는 묘사는 거친 구름의 테러를 강조하는 것이지만, 자신이 자연의 거대한 테러 앞에서 속수무책임을 말하는 것이기도 하다. 구름의 테러는 폭우와 강풍, 우레 같은 규정할 수 없는 충격으로 나타나는데, 그러한 자연을 피해 도시의 빌딩 속에 몸을 숨기는 자신의 처지를 이런 식으로 빗대고 있는 것일까? 그러면서 구름이 '저들의 현장' 인 하늘에서 '날씨를 테러' 하는 장엄한 광경을 보는 눈길을 돌리지 않고 경이로워한다. 이러한 자연으로부터의 소외는 도시에서 살아가는 존재를 불안하게 만드는 가장 중요한 요소가 되고 있다. 이런 소외의 모습들을 통해 오두섭은 자연이야말로 진정한 귀의처이며, 삶의 해답이라는 믿음을 역으로 드러내는 것이다. 말하자면 오히려 자연으로부터의 테러와 '기습당함' 이야말로 진정한 생의 놀라움이며, 생기이며, 치료의 경험이라 여기는 것이다.

기습당했다, 아침 길
내 낡은 전차가 표적이다
비와 눈, 뜨거운 햇볕을 마다않던
빛바랜 지붕은 무슨 잘못

바람 탱탱하게 먹인 바퀴는 또
어둠을 뚫고 앞을 펼쳐보이던 창
거울 속을 달려온 지도 위의 길
온통 총상이다
문득 고개 솟구치는 그곳
무성한 잎사귀로 정체를 숨기고 있다
어제까지만 해도 다정한 벚나무로 섰더니
저격수들 가지에 대롱대롱
온몸 시뻘겋게 달군 폭탄들이
내 발 앞에서 후두둑 자폭 중이다
그만 길 잠그고 후퇴하려는데
어깨에도 가슴에도 또다시 퍽퍽!
오늘따라 위풍당당 가로수들이여
중상을 입고 쓰러져버리고 마는
내 아침을 달려다오

—「내가 무엇을 잘못했는지 2」 전문

도시인들에게 신선한 충격을 주는 것으로는 자연보다 더 절실한 것은 없다고 그는 믿는 듯하다. 이 시는 그 충격의 강도를 총과 포탄의 이미지로 드러낸다. 버찌들이 익어서 떨어지는 걸 충격으로, 폭탄 투하로 받아들이는 저 희화화된 모습! 벚나무 아래 주차한 차의 지붕과 창과 바퀴는 물론, 늘상 들여다보며 달리는 지도 위의 길마저 온통 총상자국이라고 그는 비명(?)을 지른다. 때로는 자폭하는 폭탄을 맞고 흔들리며, 마침내는 그

총과 폭탄에 '중상을 입고' 쓰러져버리고 만다. 그 와중에서 그는 소리친다. '가로수들이여, 내 아침을 달려 달라' 고. '내 아침' 은 자연의 폭탄투하를 뚫고 달리는, 자연 속으로 열린, 신선하고 생기 있는 출발로서의 아침일 것이다.

도시의 삶에서 자연의 기습을 받거나 자연과 거칠게 맞닥뜨리는 이런 충격적인 일은 거의 없다. 대개의 삶은 교묘한 위장술로 감정을 숨기고, 웬만한 일은 비켜섬과 무심함으로 충격을 흡수한다. 사건들은 언제나 남의 일처럼 비켜가거나 '내' 가 비켜선다. 그런 '내' 게 버찌라는 '생짜 자연들' 의 공격은 얼마나 충격적인가하고 그는 질문하는 듯하다. 이런 태도는 자연의 힘 앞에서 느끼는 무력감의 극적인 표현일까? 이 시의 제목이 '내가 무엇을 잘못했는지' 라고 한 것은 그런 점에서 의미심장하다. 자연의 충격 앞에서 어쩔 줄 모르면서 자책하는 모습을 통해 역으로 자연친화적 태도를 은연중 내비치는 것이다. 자신의 감정을 쉬 드러내진 않지만, 이런 역동적인 묘사를 통해 그는 도시인들의 자연으로부터 소외된 삶의 단면을 극적으로 반전시켜 보여주는 것이다.

그의 장기인 묘사력만 해도 자연 속에서 아주 밝은 생기를 발하는 듯하다. 소리를 통해 새의 모습을 묘사하는 다음과 같은 시가 그런 면에서 돋보인다.

> 삐리리리리리, 하고 운다 울새
> 곤줄박이 쓰쓰 삐이 쓰쓰 삐이, 하니까
> 씨이 씨이, 치이 치이, 불만인가 보다 박새

못참겠는지 히치삐 시치삐 시치삐,
그만 성깔을 바꾸고 만다
붉은머리오목눈이가 비비비, 하고
운다 제 이름 음절보다 짧게 짧게
찌리리 찌리리, 칼에 찔렸는가 보다 칼새가
곁에 있던 검은딱새 히히히, 짯짯짯,
웃고 난 뒤 박수를 친다 무엇이든 즐거운가 보다
여긴 으슥한 숲속 히이~호오~
히이~호오~,
밤에서 새벽까지 호랑지빠귀는
어떤 혼령을 불러내는가
평생 시인으로만 살지는 않았겠지
흰눈썹황금새 피이 치이쪼이치피 찌리리리,
시를 읊는다 삐리리리리 삐리리링, 그 시에
감동 먹었나봐 할미새사촌, 끝도 없이
동그랗게 혀를 말고

—「히히히, 짯짯짯」 전문

이 시에는 이 시집 전반을 짓누르고 있는 답답함과 어둠이 보이지 않는다. 밝으면서도 유머러스한 기분을 유감없이 자아낸다. 다양한 의성어 구사를 통해 새들의 개성을 드러내면서 그것들이 어울려 내는 자연의 합창을 기꺼운 마음으로 수용한다. 자연 속에 동화되어 있는 즐거운 기분이 가득하다. 그 생기는

새들이 일부러 자리를 비운 사이
누군가 햇살 통 짊어지고 올라가
나뭇가지마다 일일이
불꽃 용접을 하고

—「봄, 곪아터져서」 부분

처럼, 광휘에 휩싸여 있다.

이 시집에 실린 자연과의 소통을 보이는 시는 몇 편이 되지 않지만, 이들 시를 통해 봐도 그의 생각의 근저에는 자연회귀에 대한 강렬한 열망이 깃들어 있는 걸 느낄 수 있다. 그에게 있어서 자연은 도시의 빌딩 숲에서 소외되고 아픈 모습들을 치유할 수 있는 세계이다. 그러므로 아직은 자신이 속한 현실인 도시의 삶을 그리는 데 주력하지만, 그 묘사 속을 수시로 '기습' 하는 자연의 양태와 모습들을 배치시킴으로써 도시적 삶의 한계를 넘어서려는 욕망을 얼핏얼핏 내비치는 것이다. 그의 시의 앞으로의 전망도 이런 쪽으로 더욱 역동적으로 전개될 것으로 기대된다.